# Soch

## Jeene Ki

Ritesh Ahuja

BookLeaf Publishing
India | USA | UK

Made with ❤ on the BookLeaf Publishing Platform
www.bookleafpub.in
www.bookleafpub.com

# Dedication

To the people who live for others and forget self love and for those who love themselves to find their happiness.

# Preface

"Soch" : Jeene Ki is the collection of poems for self assessment and finding happiness between all the chaos one faces in everyday chores. Drive through all the poems as it will take you to the emotional moments of your life related to different relations. Its the feeling of a CHILD, a PARENT, a SIBLING, a SPOUSE, a LOVE & a HUMAN who search for happiness in every second of his lifeline.

# Acknowledgements

Heartfelt thanks to the humanity which is still around the universe and spreading positivity. Gratitude towards all the readers around the world who love reading as its the biggest reason people want to write. Special thanks to my family who has always motivated me for writing whatever i feel. All the feedback, support and appreciation are strongly valued.

# 1. मैं कौन हूँ ???

एक अरसा हो गया
मुझे खुद से मिले

मैं कौन हूँ?
मैं जो भी हूँ मैं मौन हूँ

जहान बन जाऊँ या फिर महान बन जाऊँ
यहां बन जाऊँ या फिर यहां बन जाऊँ

मौका मिले अगर के मौका मिले अगर
तो मैं अनंत आस्मां बन जाऊँ

मै कौन हूँ ये सवाल है...?

और इसका जवाब

ना मेरा नाम है ।
ना मेरा पता है ।
ना मेरी जात है ।
ना मेरा धर्म है ।

ना मेरी पसंद है ।
ना मेरी नापसंद है

इस सवाल का जवाब हर शख्स के लिए अलग है

मैं कौन हूँ?

मैं जो भी हूँ मैं बस मौन हूँ ।

# 2. इंसान

तू है इंसान, तू है इंसान
यही तेरा धर्म है और तू है कर्म प्रधान
झाँक अपने अंदरऔर खुद को ले पहचान
तू है इंसान, तू है इंसान

ना तू है हिन्दु
ना तू है सिख
ना तू है ईसाई
और ना हे मुसलमान

तू है इंसान, तू है इंसान
यही तेरा धर्म हैऔर तू है कर्म प्रधान

छोड़ तू ये जात पात का चक्कर क्यूँ तू दीवार पर मारे सर
बोल सबसे मीठा और घोल दे दिल में शक्कर
फैला दे खुशियाँ जग में न बैठ तू यूँ अब थक कर

धर्म के पीछे न तू दे अपनी जान
चाहे तू व्यापारी हो चाहे तू किसान
दिल से तू काम ले न दिमाग की अपने मान

मदद कर तू सबकी यही है गीता ज्ञान

तू है इंसान, तू है इंसान
कर्मों से ही होगी तेरी पहचान
चाहे तू है अली
चाहे तू है राम
अच्छी रख सोच और करता जा तू काम

मन् करे तो जा तू मक्का
माथा टेक के चारों धाम

तू है इंसान, तू है इंसान
यही तेरा धर्म है और तू है कर्म प्रधान
झाँक अपने अंदर और खुद को ले पहचान
तू है इंसान, तू है इंसान

# 3. माँ

चोट मुझे लगे
और
आँख तेरी भर आती है

माँ एक लफ्ज़ नहीं
एहसास है जिससे तू पहचानी जाती है

खाना मैं न खाऊं जो तो चिंता तुझे खा जाती है
चेहरे पर मुस्कान मेरे, तेरी चिंता हर ले जाती है

माँ एक लफ्ज़ नहीं
एहसास है जिससे तू पहचानी जाती है

लोरी तेरी सुन कर माँ नींद मुझे आ जाती है
तेरी आवाज़ में क्या जादू है माँ जो मेरी थकान मिट जाती है
चेहरा मेरा पढ़ लेती है सब मुझ पर तू लुटाती है

माँ एक लफ्ज़ नहीं
एहसास है जिससे तू पहचानी जाती

वार के अपना सब कुछ मुझ पर खुद को क्यों भूल जाती है
इसलिए तू मेरे लिए भगवान् से पहले आती है
गलती मैं भी जान के करता हूँ क्योंकि डांट मुझे तेरी भाती है

माँ एक लफ्ज़ नहीं
एहसास है जिससे तू पहचानी जाती

# 4. पिता

पहचान मेरी है तू
मेरी ज़रूरत की हर चीज़ मिले जहाँ
वो दुकान मेरी है तू

लकीरें मेरे हाथों की
जैसे तूने खुद ही बनायी हैं
खुशियाँ अपने हिस्से की तूने
मुझ पर ही लुटाई हैं

चलता जा रहा हूँ मैं
रास्ता मेरा बनाए तू
क्या कुछ तूने खोया मेरे लिए
ये किसी को न बताए तू

ज़रुरत मुझे क्या सपनों की
जो हकीकत मेरी तूने खुद बनायी है
काँटों भरी ये ज़िन्दगी तूने
फूलों से सजायी है

पहचान मेरी है तू

मेरी ज़रूरत की हर चीज़ मिले जहाँ
वो दुकान मेरी है तू

# 5. राह

ना जाने क्यों चल पड़ा था मैं उस राह पर
जिसका ना रास्ता पता था ना मंज़िल का ठिकाना

यह राज़- ए- ज़िन्दगी है राहगीर ये किसी को मत बताना

ढूँढना है खुद को फिर खुद से खुद को है मिलाना
कुछ कर गुज़र ऐसा राह ख़त्म होने से पहले
के याद रखे तुझे ज़माना
अकेला नहीं हूँ मैं इस राह पर
अपने अक्स को पीछे छोड़ अकेले है जाना

ना जाने क्यों चल पड़ा था मैं इस राह पर
जिसका ना रास्ता पता है ना मंज़िल का ठिकाना

मकसद है सब कुछ खो के खुदाई को पाना
अकेले ही आया था और अकेले ही है जाना
ये मैं नहीं कह रहा
गीता में लिखा है और सबने है माना

मुश्किलों से भरा है रास्ता और मुस्कुराहटों से है सजाना

किसी को पानी भी नसीब नहीं होता
शुक्र करो खुदा का तुम्हे मिल रहा है खाना

ना जाने क्यों चल पड़ा था मैं उस राह पर
जिसका न रास्ता पता है ना मंज़िल का ठिकाना

# 6. आत्मदाह

मौत ने बाज़ी जीती है ......
वो यार मेरा क्यों हार गया ......

जाने क्या उसपर बीती है .....
ना जाने क्यों वो खुद को मार गया.....

कहानी उसकी सबने सुनी है.....
हुनर का समंदर था उसमे .....

ज़िन्दगी उसने अपनी खुद बुनी है......
जा के डूब गया वो जिसमे......

मौत ने बाज़ी जीती है .....
वो यार मेरा क्यों हार गया ......

गम में उसका सारा परिवार है .....
जिनके लिए सब कुछ किया था उसने .....

छूट गया उसका अब सारा संसार है .....
ज़िन्दगी ख़त्म होने से सब कुछ पाया था जिसने.....

मौत ने बाज़ी जीती है .....
वो यार मेरा क्यों हार गया ......

जाने क्या उसपर बीती है .....
ना जाने क्यों वो खुद को मार गया.....

# 7. काश के मैं रो पाता

काश के मैं रो पाता
दर्द आँसुओं से बहता
और मैं कुछ देर चैन से सो पाता

ज़िन्दगी की परेशानियों से दूर कहीं जाता
सबको दो पल की ख़ुशी दे जाता
इस दिल और दिमाग को सुकून दे जाता
काश के मैं रो पाता

जाने क्यों हर चीज़ को खुद से छुपाता
काश कोई सब कुछ खुद ही समझ जाता
जाने क्यों हर दर्द को दिल में दबाता
काश मैं ख़ुशी से सब झेल जाता

अकेले में ही सही
सबसे दूर हो कहीं
बिना किसी को बताए
काश के मैं रो पाता

सुना है अच्छा लगता है

काश मैं भी ये बोझ हल्का कर पाता
काश मैं रोज़ थोड़ा थोड़ा रो पाता
तो ज़रूर मैं चैन से सो पाता

# 8. अकेला नहीं था

अकेला नहीं था
अकेला नहीं था
अकेला नहीं था कभी मैं

बात है उस रात की
जब ज़िद्द की बिनबात की

छोड़ा था घर एक मंज़िल तक जाने को
तोडा था दिल माँ का उस मंज़िल को पाने को

सोचा था करूँगा वो सपने सब पूरे
हिम्मत थी टूटी और रह गए अधूरे

गलती कर बैठा था जाने अनजाने
रिश्तेदार सब देते थे माँ बाप को ताने

गलती की मेरी सज़ा मिली जिनको
सही साबित करूँगा अब मैं उनको

अकेला नहीं था

अकेला नहीं था

अकेला नहीं था कभी मैं

गिरा था अकेला डिप्रेशन की खायी में
ज्ञान सबका लगा सारा मेरी भलाई में

पिता ने बोला तेरे साथ खड़ा हूँ मैं
माँ ने मुझसे पूछा के तू हारा या मैं
बस ठान लिया था उस दिन
ना मैं हारूँगा ना माँ
करूँगा कुछ तो ऐसा
बस अब मैं रुकूँगा ना

पिता से लिया था ज्ञान
बोले बात ले तू मेरी मान
दे काम पर पूरा तू ध्यान
मेहनत करेगा ले ठान

उठ खड़ा हुआ मैं चलने लगा
न जाने कब कैसे उछलने लगा

सोच थी बदली और लक्ष्य था बदला
छोड़ के पिछला मैंने पकड़ा था अगला

समय तो लगा पर पहचान बना ली
ताने देने वालों ने बजाई थी ताली

ऊपर वाले की रहमत
माँ की दुआएँ
पिता का भरोसा
और खुद की थी मेहनत

अकेला नहीं था
अकेला नहीं था
अकेला नहीं था कभी मैं

# 9. लौटा दो

कोई लौटा दो मेरा बचपन
कोई लौटा दो मेरा बचपन
बहुत मतलबी बना दिया है समझदारियों ने

कोई लौटा दो मेरा लड़कपन
कोई लौटा दो मेरा लड़कपन
बहुत मजबूर बना दिया है ज़िम्मेदारियों ने

कोई लौटा दे मेरी जवानी
कोई लौटा दो मेरी जवानी
बहुत मज़दूर बना दिया है कमाइयों ने

कोई लौटा दो मेरी कहानी
कोई लौटा दो मेरी कहानी
बहुत मज़लूम बना दिया है गलतियों ने

नादान थे तो साथ थे
नादान थे तो सच्चे थे
नादान थे तो अच्छे थे
साथ थे जब बच्चे थे

# 10. कीमत

के बहुत बढ़ी कीमत होती है
पाने की सपनों को
यूँ ही नहीं
छोड़ा जाता अपनों को

अब जी रहा हूँ मैं
खुद की ही तलाश में

सांस चल रही है
सब सुन रहा हूँ मैं
कुछ कमी खल रही है
बस बिक रहा हूँ मैं

अब जी रहा हूँ मैं
खुद की ही तलाश में

रोज़ निकल पड़ता हूँ एक ही सफर पर
खुद चुना है रास्ता सहना है उम्र भर
अब सब्र कर सब्र कर बस सब्र कर

अब जी रहा हूँ मैं
घर लौट जाने की आस में

# 11. नन्हि परी

एक नन्हि परी को घर लाया था
आज विदा कर रहा हूँ
मेरे दिल का वो एहम हिस्सा था
आज खुद से जुदा कर रहा हूँ

जाएगी जब दूर तू मुझसे
तभी मिलेगी हूर तू खुद से

एक दिन तुझे ऊँगली पकड़ कर चलना सिखाया था
अब तुझे ग्रहस्त जीवन चलाना सिखाऊँगा
तुझे लगता होगा के तूने देख ली सारी दुनिया
पर असली दुनिया से तुझे मैं अब मिलवाऊँगा

एक नन्ही परी को घर लाया था
आज विदा कर रहा हूँ
मेरे दिल का वो एहम हिस्सा था
आज खुद से जुदा कर रहा हूँ

फौजी की बेटी है तू
फौजी से किसी तू कम नहीं

हिला सके जो दृढ़निश्चय को तेरे
इतना किसी में दम नहीं

तुझको देखा है मैंने हारते
तुझको देखा है मैंने खुशियों को मारते
तुझको देखा है मैंने लड़ते
तुझको देखा है मैंने चुनौतियों को हुंकारते
जीवन है अगर कोई जंग तो
दुनिया भी फौज से कम नहीं
फौजी की बेटी है तू
फौजी से किसी तू कम नहीं

तुझको देखा है मैंने रोते
तुझको देखा है मैंने सबको हँसाते
तुझको देखा है मैंने सब खोते
तुझको देखा है मैंने सबको पाते
दुनिया है अगर कोई जंग तो
परिवार भी फौज से कम नहीं
फौजी की बेटी है तू
फौजी से किसी तू कम नहीं

तुझको देखा है मैंने बिगाड़ते
तुझको देखा है मैंने सब संवारते
तुझको देखा है मैंने गिरते
तुझको देखा है मैंने सब सँभालते
परिवार है अगर कोई जंग तो
तू खुद भी फौज से कम नहीं

फौजी की बेटी है तू
फौजी से किसी तू कम नहीं

# 12. ज़िद्द - Cricket Ki

ज़िद्द है तो तू ठान ले
बात दिल की मान ले
होश से तू काम ले
जोश को संभाल ले

उठ खड़ा हो दौड़ ले
मैदान के ताले खोल ले
मुँह को अपने बंद रख
बल्ले से अपने बोल ले......

ज़िद्द है तो तू ठान ले
बात दिल की मान ले
होश से तू काम ले
जोश को संभाल ले

चल चला चल सांस ले
रुकना नहीं है ठान ले
हुंकार अपने ज़ोर की
गेंद में तू डाल दे गोली से तेज़ आ रही है
किल्ली की आवाज़ ले......

ज़िद्द है तो तू ठान ले
बात दिल की मान ले
होश से तू काम ले
जोश को संभाल ले

जीत की कमान ले
हार की तू जान ले
दुनिया से सम्मान ले
जश्न है ये देश का
उठा तू अपना जाम ले......

ज़िद्द है तो तू ठान ले
बात दिल की मान ले
होश से तू काम ले
जोश को संभाल ले
ज़िद्द है तो तू ठान ले.......

# 13. सफर

जितना दूर आ चुका हूँ
उतना दूर जाना है
छोटा सा ये गाना है
गा के जो सुनाना है

मुश्किलें तो आयी बहुत
टिक कर मैं खड़ा रहा
कोशिश तो लोगों ने की बहुत
पर मैं ऊपर चला रहा

पिता का पैसा किया था खराब
फेल हुआ था न पी थी शराब
सब था गलत न किया कोई सबाब
घर का एक लौता मैं हारा नवाब
सब मुझसे पूछे क्या कर रहे जनाब
टूट चूका था खत्म हो गया रुबाब

काम किया शुरू
जुबां रखी बंद
चुप चाप मैं बैठा हूँ

और बोल रही कलम
काम अभी ख़त्म करूँ
न लूँ कोई और जन्म
खुश हूँ मैं खड़ा
और आँखे सबकी नम्म
रास्ता ही मंज़िल है
जाना कहाँ पता है
जितना दूर आ चुका हूँ
उतना दूर जाना है

# 14. बेनाम

बेनाम ज़िन्दगी को
कुछ तो नाम देना है
सच में अभी तो जागा हूँ
बस अब न मुझको सोना है

कोई तो मुझसे पूछे आके
क्यों हंस रहा हूँ, सच तो ये है मुझे बहुत रोना है

खुद को मुझको पा के आज
अभी से खुद को खोना है
खाली नहीं अब बैठूँगा मैं
कुछ तो काम होना है

कलम उठा ली है जो अब
बहुत कुछ मुझको कहना है

ज़िन्दगी कमाल है
हर रोज़ एक मिसाल है
हर दिन नया सवाल है
हर पल तेरा ख़याल है

मौत की सोच गयी भाड़ में
मुझको तो अब जीना है

बेनाम ज़िन्दगी को
अब कुछ तो नाम देना है
पहचान अपनी बनाऊँगा मैं
बस सोच को अपनी धोना है

बात किसी से न करूँगा मैं
बस पकड़ा अपना कोना है

सबके लिए मैं जी लिया बहुत
मुझे तो बस खुदका होना है
ये भी है एक तरह का नशा
ना कोई जादू टोना है

ज़िन्दगी कमाल है
हर रोज़ एक मिसाल है
हर दिन नया सवाल है
हर पल तेरा ख़याल है

मौत की सोच गयी भाड़ में
मुझको तो अब जीना है

बेनाम ज़िन्दगी को
कुछ तो नाम देना ह?

नाम तो हुआ

कुछ ना माँगूँ अब खुदा से
बस माँगूँ एक ही दुआ

बेनाम ज़िन्दगी को
कुछ तो नाम देना हो नाम देना है

# 15. क्या तेरा है क्या मेरा है

क्या तेरा है - क्या मेरा है
वक़्त निकल गया हाथों से
मुट्ठी में बचा बस अँधेरा है

क्या तेरा है - क्या मेरा है
सूखी थी ज़िन्दगी प्यार से इसे सींचा है
दिल निकल गया हाथों से
मुझे तो बस तन्हाइयों ने घेरा है

क्या तेरा है - क्या मेरा है
सब ठीक तो चल रहा है
ना जाने फिर भी क्यों, सच्ची ख़ुशी ने अपना मुँह फेरा है
आँखें खुली हों तो, परेशानियों का पहरा है
और बंद कर लूँ तो, बस एक मुस्कुराता चेहरा है

मालूम है मुझे और इंतज़ार है
हर रात के बाद बस उजला सवेरा है
कुछ तेरा है - कुछ मेरा है
यूँ ही जीना है मुझे, मेरा इसी में बस बसेरा है
सब तेरा है - सब मेरा है

# 16. गुमनाम

गुमनाम है वो जवान
जो है देश की आन
सरहद को घर बनाया है
धरती की ख़ातिर, अपना सब गंवाया है
शहीद ने गोली पर खुद, अपना नाम लिखवाया है

लहराता तिरंगा शान है
दुश्मन की हर साज़िश पर इनका कान है
अपने ही घर में ये रहते हैं
जैसे कोई मेहमान है
सेना ही इनका परिवार है
हाथों में इनके एक धार है
युद्ध के लिए ये तत्पर तैयार हैं

धूप में ये रहते हैं
ठण्ड को ये सहते हैं
फिर भी अपनी नाराज़गी
कहाँ किसी को कहते हैं

सुना है मैंने कुछ लोगों को कहते

फौजी पागल सनकी होते हैं
पर एक बात तू ध्यान से सुन्ना मेरी
इसी पागलपन की वजह से
तेरे बच्चे चैन से सोते हैं

गुमनाम है वो जवान
जो है देश की आन
सोचो वो देश भी कितना अच्छा हो
जिसके हर घर में एक फौजी बच्चा हो
तब समझोगे कीमत जान की
तब समझोगे कीमत जवान की

गुमनाम है वो जवान
जो है देश की शान

# 17. प्रकृति माँ

वो सुबह मुझे तुम लौटा दो
वो सुबह मुझे तुम लौटा दो
सूरज की किरणे जहाँ खिलती थी
चिड़िया की चहचहाहट जहाँ मिलती थी
पेड़ों की पत्तियाँ जहाँ ठंडी हवा से हिलती थी
इतनी खूबसूरत थी वो पहर जिससे मेरी आँख खुलती थी

ये चक्र है जीवन का।
और सब नियम यहाँ पर मेरे
तुझे भ्रम है तू सबसे ऊपर
पक्षी, नदी, हवा या हो कोई जीव जंतु
सब हैं एक समान....
चाहे धरती हो या आसमान.....

ये चक्र है जीवन का
और सब नियम यहाँ पर मेरे
हर जान की है एक कीमत.....
सबसे ऊपर प्रकृति का खेल है
वहम मैं अपने जी मत.....

वक़्त की ये धार है
सब सहन किया था मैंने
अदृश्य है ताकत मेरी
पर लाठी में है आवाज़.....
खुद की कमी देखी नहीं
और वक़्त को कोस रहे हो आज.....

# 18. जो आया है वो जयेगा

जो आया है वो जाएगा
बदल न कुछ भी पाएगा
लिखा खुदा ने खुद है ये
जो चाहेगा कराएगा
मरज़ी के बिना उसकी
एक पत्ता न हिल पाएगा....

शुन्य से शुरू हुआ
वो शुन्य ही हो जाएगा
बीज तूने बोया है जो
फल उसी का खाएगा
सोच सोच के क्यों
अपना संतुलन हिलाएगा
छोड़ दे सब उसके हाथ
तूदासे पत्ता न हिल पाएगा....

शुक्रिया कर हर उस चीज़ का
जो नसीब तेरे आएगा
पता नहीं कुछ वक़्त का
ना जाने कब निपट जाएगा

जीते जी सब कर कुबूल
चुप रहना मलाल कहलाएगा
खुशियों के शुक्र बिना
कहीं मातम न कभी छाएगा...

गिले शिकवों की जगह नहीं
वो प्यार ही फैलाएगा
जागता है जो समय से
वो समय से सो जाएगा
सपनों की ज़िन्दगी से हक़ीक़त अपनी बनाएगा
मेहनत में कमी की जगह नहीं
क्योंकि तेरा समय आएगा...

जो आया है वो जएगा
बदल न कुछ भी पाएगा।
लिखा खुदा ने खुद है ये
जो चाहेगा कराएगा
मरज़ी के बिना उसकी
एक पत्ता ना हिल पाएगा.....

# 19. माँ का प्यार

उम्र का कोई रोल नहीं
तेरे प्यार का कोई मोल नहीं
माँ बड़ा तो मैं हो गया हूँ..
अपने पैरों पर खड़ा भी मैं हो गया हूँ
कीमत इसकी चुका रहा हूँ
न जाने क्यों तुझसे दूर जा रहा हूँ

सर तरसता है गोद को तेरी..
गाल तरसते है मार को तेरी...
मेरी जीत की वो ख़ुशी तेरे चेहरे पर
और शिकस्त पर तेरा हाथ मेरे सर पर
और अब मैं तरसता हूँ हार को मेरी...

वो तुझे याद करना मुसीबत में
अब मैं मिस करता हूँ
सामने तू है मेरे फिर भी ना जाने क्यों बस
तेरी तस्वीर को किस्स करता हूँ
तू मुस्कुराती रहे मुझे देख कर बस
हमेशा यही विश करता हूँ

माँ बड़ा तो मैं हो गया हूँ..
अपने पैरों पर खड़ा भी मैं हो गया हूँ
कीमत इसकी चुका रहा हूँ..
न जाने क्यों तुझसे दूर जा रहा हूँ..

लफ़्ज़ों से कह नहीं पाता
इसलिए लिखता हूँ
यूँ तो हज़ारों बाते करता हूँ
बस प्यार बयां नहीं कर पाता

इतना बड़ा हो गया हूँ..
माँ के तू कहती तो है सब साफ़ साफ़
बस मैं नासमझ समझ नहीं पाता

मेरी सारी गलतियाँ माँ तू माफ़ कर देती थी...
मेरी सारी मनमर्ज़ियाँ
तू नज़रअंदाज़ कर देती थी...
मेरी सारी वो लड़ाइयाँ
तू बर्दाश्त कर लेती थी...

माँ तू साथ होती है तो लगता है..
दुनिया की सारी ताकत मुझमे है..
सब रिश्ते नाते मैंने देख लिए है..
पर सारे संसार का प्यार तुझमे है..
और प्यार की ताकत से बड़ा कुछ न होगा न था न है...

माँ बड़ा तो मैं हो गया हूँ.

अपने पैरों पर खड़ा भी मैं हो गया हूँ.
कीमत इसकी चुका रहा हूँ..
न जाने क्यों तुझसे दूर जा रहा हूँ..

उम्र का कोई रोल नहीं
माँ तेरे प्यार का कोई मोल नहीं

# 20. पिता पुत्र से

रब्ब तुझे सद्बुद्धि दे
बस इतना ही मैं चाहूँगा

तू जो बनना चाहे बनना
मैं तेरा साथ निभाऊँगा

क्यों बनना है
क्या बनना है
तुझसे कभी नहीं कहूँगा
बिना एक भी सवाल करे
बस तेरा साथ निभाऊँगा

और तेरे हर सवाल का
बस जवाब दूंगा तुझे
और यकीनन तुझे
खुद से बेहतर इंसान बनाऊँगा...

रब्ब तुझे सद्बुद्धि दे
बस इतना ही मैं चाहूँगा

# 21. फरिश्ता

तेरे आने की आहट कोई सुन इसलिए नहीं पाया क्योंकि
मेरी धड़कन ही तेरे नन्हे क़दमों की आहट है...
तो इसे मेरे सिवा न कोई सुन सकता है
और न ही कोई महसूस कर सकता है..
कुदरत का करिश्मा है तू...
किस्मत पलट दी मेरी जिसने
खुदा का वो फरिश्ता है तू...

वो मुझे देख कर तेरा मुस्कुराना..
ख़ुशी से मेरी आँखों का नम्म हो जाना...
मेरी रोटी का हर पहला निवाला तुझे खिलाना..
काँधे पर बैठा कर तुझे ज़ोर से झुलाना...

वो ज़ोर से तुझे अपने गले लगाना...
तेरी हर शरारत पर तेरा हो जाना...
ये सब बस एक ही बार महसूस होता है ज़िन्दगी में
इसलिए हर इस लम्हे को मुझे ख़ास है बनाना...

न जाने क्यों तुझे चैन से सोता देख मुस्कुराता हूँ..
न जाने क्यों तुझे गोद में उठाते ही गुनगुनाता हूँ...

न जाने क्यों दूर खड़ा हो कर तेरी सारी हरकतों को निहारता हूँ....
तू भी इस एहसास को महसूस नहीं कर सकता अभी...
क्योंकि इसका भी एक समय होता है..
.मैं समझ पा रहा हूँ तुझे देख कर अभी..
के मेरा बाप भी मुझे देख कर ख़ुशी से क्यों रोता है...

मेरी परछाई है तू
और
मैं उसकी परछाई हूँ
जो ज़िन्दगी के पन्नो में ख़ुशी भर दे
मैं बाप नाम की वो स्याही हूँ...
कुदरत का करिश्मा है तू...
किस्मत पलट दी मेरी जिसने
खुदा का वो फरिश्ता है तू...

# 22. इश्क़ बेवजह

के, उन्हें तो बस खफा होने का बहाना चाहिए था
और हम इश्क़ कर के वजह बन बैठे

अब प्यार की वजह तो होती नहीं
जो कर बैठे तो कर बैठे

के हर मंज़िल तेरी गली से हो कर गुज़रने लगी है
चैनों सुकून दिल को नहीं

कोई बताए मुझे के
अब घर बैठें तो क्यों बैठें

घमंड खुद पर था कुछ इश्क़ से पहले
के खुदा खुद को समझते थे

मुलाकात इश्केनूर से हुई जो
तो अब ऐंठे तो क्यों ऐंठे

खाली खाली सा लगे हर लम्हा
भीड़ में भी अकेला सा ही

खो दिया खुद को ही तुझमे के
अब ऐंठे तो क्यों ऐंठे

उन्हें तो बस खफा होने का बहाना चाहिए था
और हम इश्क़ कर के वजह बन बैठे

# 23. मेरी चाहत

के, मेरी चाहत ही मुझसे कुछ खफा थी शायद....
वर्ना सुना है मैंने के पूरी कायनात साज़िश करती है.....

उस वक़्त की कदर कर रहा था मैं....
जो कम्भख्त मेरा था ही नहीं....

के, दिल खोल के ज़ालिम के क़दमों में रख दिया मैंने....
और वक़्त का आलम तो देखो उसने कुछ सुना ही नहीं....

के वाक़िया कुछ ऐसा था

खता नज़रों की थी जो ज़ुल्फ़ों के नज़ारों पे फ़िदा हो गए.....
वक़्त दिल का ख़राब था फिर भी आँसू आँखों से बह गए.....

ज़ुबां ने कुछ मेरी बयान किया होंठो के बारे....
कहा उसने धीरे से बोलो सुन रहे हैं सारे.....

अकेले में मिलने का ख्वाब था....
मुलाकात भी ख्वाब में हुई.....

वक़्त का आलम तो देखो....
कम्बख्त नींद ही पूरी न हुई....

के मेरी चाहत ही मुझसे कुछ खफा थी शायद.....
वर्ना सुना है मैंने के पूरी कायनात साज़िश करती है....

# 24. दूरियां

ना जाने क्यों बढ़ रही हैं दूरियाँ
सही समझ के कर रहा हूँ क्यों गलतियाँ

समझ की सारी बात है
समझ ही ना मैं पाया

दूर वो क्यों जा रही है
और मैं पास क्यों न आया

गलत है ये गेम
आपस में यूँ ब्लेम
प्यार ही है नेम
जो देता है शेम

मै जानता हूँ
तू जानती है
के कर रहें हैं कोशिश

ना जाने क्यों बढ़ रही हैं दूरियाँ
सही समझ के कर रहा हूँ क्यों गलतियां

# 25. ख्वाब

जो ख्वाब है मेरा
वो हकीकत किसी और की....

मैं उजड़ी रियासत
वो मुक्कम्मल जहाँ सी.....

जो ख्वाब है मेरा
वो हकीकत किसी और की.....

मैं अंधेरों में डूबा
वो रोशनी कहीं और थी....

जो ख्वाब है मेरा
वो हकीकत किसी और की....

मैं प्यासा सा राही
वो समंदर की खोज सी.....

जो ख्वाब है मेरा
वो हकीकत किसी और की....

# 26. मुलाकात

मुलाकात कुछ इस तरह हुई उनसे
के होंठों से कुछ बयां न कर पाए...

बस निगाहों से पढ़ लिया उसने
के हम अदाओं पर उनकी मर मिटे हैं, हाय...

मुक्कद्दर का साथ था
जो जन्नत जीते जी नसीब हो गयी...

इंतज़ार मौत का कर रहे थे
माशूक़ तेरे प्यार में ज़िन्दगी करीब हो गयी...

# 27. आशिकी

कुछ मेरी ही खता थी
के मैं वफ़ा निभा रहा था

कम्बख्त इश्क़ चीज़ ही ऐसी है
जिसपर ज़ोर नहीं चलता

इश्क़ आशिकी से नाता रखता है
और
वफ़ा रिश्ते से

उस बेवफा को ना इश्क़ था
और
ना ही वो रिश्ता निभा रही थी

ना जाने क्यों मेरे हिस्से ज़िल्लत
और
उसके हिस्से आशिकी आ रही थी

# 28. कुछ नहीं हूँ

उसके जाने से मैंने खुद ही मान लिया
के मैं कुछ हूँ ही नहीं

मगर

कुछ नहीं होना आसान नहीं
सब कुछ खोना आसान नहीं
अकेले में रोना आसान नहीं
घर का वो कोना आसान नहीं
दिल खाली होना आसान नहीं

अच्छा है के मैं कुछ हूँ ही नहीं

क्योंकि

कुछ होता तो शर्तों के साथ होता
कुछ होता तो खुद को ही खो दिया होता
कुछ होता तो किसी और बात पर रोता
कुछ होता तो भी कहाँ चैन से सोता

कुछ होता तो बंगले में अकेला होता
कुछ होता तो दिल भी भरा होता

# 29. अधूरा

लगे कुछ अधूरा
सब पा कर भी
दूर सा लग रहा है
सब पास आकर भी.....

सफर शुरू किया था
मंज़िल की तालाश में
ना जाने कब सफर ही मंज़िल बन गया....

खुली आँखों से सपना देखा था
कुछ पाने का
ना जाने कब नींद ो चैन छिन गया....

लगे कुछ अधूरा
सब पा कर भी
दूर सा लग रहा है
सब पास आ कर भी.....

# 30. हक़

रोक लेता उसे, अगर उसने थोड़ा भी हक़ दिया होता
एक बार, वो पलट कर तो देखती उसके क़दमों में दिल रख दिया होता

उसे शायद कुछ और पसंद था
तो उसकी जीत के लिए, हार को चख लिया मैंने
और
आँसुओं पर हक़ था मेरा
जिन्हे, अपने हिस्से रख लिया मैंने

मैं सोचता रहा
के मैंने उसे खो दिया
बहुत समय लगा समझने में
के, खोया उसने था मैंने नहीं

क्योंकि वो मेरा कभी था ही नहीं
क्योंकि मैंने खुद को ही खो दिया था कहीं

सोचता हूँ के फिर भी कभी तो सोचती होगी कहीं
सोचता हूँ के फिर भी कभी तो सोचती होगी कहीं
और

फिर सोचता हूँ के मैं ही पागल हूँ जो अब भी सोच रहा हूँ वही

रोक लेता उसे अगर उसने थोड़ा भी हक़ दिया होता
एक बार वो पलट कर तो देखती उसके क़दमों में दिल रख दिया होता

# 31. जा तन लागि

सच कह दूँ
अगर आप बुरा ना माने
सच कह दूँ
अगर आप बुरा ना माने

ये सब ढोंग है
मैं समझ सकता हूँ

असल सच तो ये हैं
के, “जा तन लागि ◌ो ही जाने”

कहने में किसी का क्या जाता है
असल दर्द कहाँ कोई समझ पाता है

अगर समझ पाता
तो ये ना जताता

मगर अब मैं समझ सकता हूँ
ये सब ढोंग है....

जा तन लागि ◌ो हे जाने
बाकी कोई बुरा ना माने

ये मेरे हिस्से का शोक है
जताना ज़माने का शौक है
रो सब ढोंग है मैं समझ सकता हूँ.

# 32. भ्रम सोच

हर ख्वाहिश के बारे में सोचता हूँ
के, बस तुझे ही तो पाना चाहता हूँ
तुझे पाते ही
ख़ुशी से यूँ झूम जाता हूँ
के, बस मिल गया सब अब और कुछ नहीं चाहिए
अब और कुछ नहीं चाहिए?

ये भ्रम सोच है

ख़ुशी तुझे पाने की अब थोड़ी कम है
फिर दिल ने किसी और ख्वाहिश को आखरी बता दिया है
अब बस उससे ही तो पाना चाहता हूँ
फिर उसे पाते ही ख़ुशी से यूँ झूम जाऊँगा
सोचता हूँ के अब कुछ नहीं चाहूँगा

ये भ्रम सोच है

इन् ख्वाहिशों का कोई अंत नहीं
हाँ मैं भी तो कोई संत नहीं

ये भ्रम सोच है

# 33. शायद

शायद काश अगर या मगर लिख दूँ
अब तुम साथ हो तो, क्यों ना तुमपे ग़ज़ल लिख दूँ

शायर तो नहीं मैं
सोचा शायद लिख दूँ

काश तुम छोड़ जाती तो शायर बन जाता
अगर तुम ना होती तो शायद कायर बन जाता

अब तुम हो तो क्यों ना सोचना छोड़ दूँ
अब तुम साथ हो तो क्यों न तुमपे ग़ज़ल लिख दूँ

शायद काश अगर या मगर लिख दूँ
अब तुम साथ हो तो, क्यों ना तुमपे ग़ज़ल लिख दूँ

# 34. चलो मान लेता हूँ

उनकी महक से
उन्हें पहचान लेता हूँ

उनके बिना कुछ बोले
मन्न की बात जान लेता हूँ

दीवाना हूँ, कहती है सहेलियों से
चलो कहती है, तो मान लेता हूँ

मन्न में जो एक बार आ गया
तो ठान लेता हूँ

प्रेम अगर भिक्षा है
तो मैं साधू हूँ और दान लेता हूँ

पागल हूँ मैं कहती है सहेलियों से
चलो कहती है तो मान लेता हूँ

# 35. बदनाम

के, जो भी मैं कर रहा हूँ
मेरी नज़र में सब सबाब का काम है
के, जो भी मैं कर रहा हूँ
मेरी नज़र में सब सबाब का काम है

मगर किसी का अच्छा ही
किसी का बुरा होता है

इसीलिए किसी की हार पर
तो किसी की जीत पर

शराब का नाम होता है

अब कर दो
के,
बदनाम कर दो शराब को
बदनाम कर दो शबाब को
और
बदनाम कर दो कबाब को

असलियत में तो ये नीयते रुबाब का दाम है

www.ingramcontent.com/pod-product-compliance
Lightning Source LLC
Chambersburg PA
CBHW070645240926
51846CB00003BA/791
*9789372130003*